chili verlag

Thomas Rackwitz

im traum, der dich nicht schlafen lässt

Gedichte

chiliverlag

Im chiliverlag erschienen (Auswahl):
Glasaugenstern, 101 Gedichte von Alex Dreppec
Fassadenflucht, Politische Dichtung der Gegenwart II
suchtraum, Sandra Stubbe, Roman
Herzschlaf, Gedichte und Kurzprosa über Trauer, Trost und Hoffnung
Stimmwirbel – Gedichte, Michel Ackermann
Machen! Silben, Sätze, Sensationen, Marc Mandel
Gatti – Katz'n, 21 krasse Katz'nstories
Kodex Rosebud, Hans-Jörg Kühne, Roman
Abschreibungen, Lyrisches und Satirisches von Stefan Krückmann
wir wölfe – Gedichte, Eine poetische Hommage an unsere Tierwelt
Verstummung, Tier- und Naturschutzkrimis
Pappalappa Mirzapan, Gedichte für besondere Kinder
Tanze mit Raketenschuhen – Dance with Rocket Shoes, Wissenschafts-gedichte – Science Slam Poetry, Alex Dreppec
Kammer der Tränen, Vatikanthriller, Ingo-Maria Langen
die aus der kälte kommen – Porträtgedichte, Jutta Pillat
Klagelied winterzu – Gedichte, Fritz Deppert
Saisonlyrik, Jürgen Zimmermann

1. Auflage Januar 2018

franchili / 58
Gestaltung, Layout, Lektorat: chiliverlag
Autorenfoto S. 104: Thomas Rackwitz

Detaillierte bibliographische Daten sind unter http://dnb.ddb.de bei der Deutschen Nationalbibliographie abrufbar.

Printed in Germany
ISBN 978-3-943292-60-2 **www.chiliverlag.de**

südlich von jetzt

das licht wirft
neue samen
vögel graben
sie aus in der luft

als mir der stein
ins wasser fällt
das preisgibt
seine jahresringe

fast ist es still
erstorben das playback
im hundezwinger

die strichlisten voll

noch sitze ich hier
staub
festen glaubens
fühle wie eine larve
sich im herzen verpuppt

INHALT

I. LICHT

II. FAST ANGEKOMMEN IM VERSCHWINDEN

III. ENTZUG

IV. DUNKLE MATERIE

V. ZU LEICHT VERSPIELT

VI. IM TRAUM DER DICH NICHT SCHLAFEN LÄSST

DER AUTOR

I
LICHT

letzter wille

wenn ich das einst nur war
was ich nun bin
verbrennt mich nicht

reißt lieber meine
glieder auseinander
verstreut sie in der welt
legt meinen schatten
unter die verfaulte haut

die füße sollen mich
noch weitertragen
als bis zum schwarzen meer

so lasst die beine liegen
an den ufern des urals

das becken bettet
in vulkanischem gestein

vergesst das schlachthaus
nicht zu schmücken
mit den giften meines bauchs
der mir zu schwer war
wie das blut zu leicht

verpflanzt mein herz
in eine feuchte krypta
des regenwaldes
vielleicht erblüht ein unkraut
wächst irgendwann ein tier daraus
das sprechen kann

kommt nehmt schon meine hände
nehmt
es wird nicht wehtun
die finger zeigen einen weg
der sich schon jetzt entfernt von mir

richtspruch

die augen der amseln sind ein ruhloser ort
im wald der sich breit macht im haus
der staub auf dem boden gab unlängst sein wort
doch der segen der fliegen bleibt aus

wer immer hier eintritt geht anders zurück
reich an zeit die den stein halten mag
wo die spinne daheim ist pendelt kein glück
der den nagel verfehlt trifft der schlag

dreht auch der wind wird dünner das licht
willkommen sei jedweder gast
es gibt keine heimat die nicht irgends zerbricht
hier findet das fremdeste rast

mittag

amselruß
an den hagebutten
die immer noch lohen

auf dem gras
liegt sanduhrstaub
jeder halm ein vergessenes zitat

während mein herz stolpert
zähle ich die schmetterlinge

ihr flug verrät mir
sie haben verschlafen
vorbei die totentänze

der ruf eines boten
nimmt mir das bild
aus den augen

der brief ist zu leicht
für etwas gutes
ich werd ihn nicht lesen

es ist heiß
er klebt an den händen
die druckerschwärze
geht nicht mehr ab

der drache

die spinne auf der markise wirkt
als hätte sie einen sonnenstich
sie bewegt sich nicht
vielleicht beobachtet sie
die wolken die ich sehe und denkt

der drache

der aus der formation hervortritt
sei wütend darüber
die größte zahl nicht zu kennen

er lebt in einer anderen möglichen welt

es ist nachmittag der wind
geht ihr durchs netz
erstickt das feuer des drachen

mit den katzen kommen die kinder

kommen die schatten der wind
hat sich gedreht weidet die stille aus
hält an den atem des echos
mit den kindern kommen die schatten
noch immer leuchten ihre lieder
auf der halbinsel des nachmittags
verwechseln sich die wurzeln
unter den büschen deren rot
an der ortsmündung schwelt
in den augen der kinder sich spiegelt
am ufer rauschblind verharrend
während der ausweg im fernen
langsam verschwindet
die verstecke ihrer blüten
und stöcke und steine geplündert
fast mag man es glauben
dass sie seit jeher dort liegen
verliefen nur nicht die risse
im staubigen bett jener flüsse
tropfen für tropfen lösen aus
der landschaft sich ihre namen
um sich zu finden heißt es
mit den katzen kommen die kinder
kommen die schatten

andalusische katzen

nirgends sah ich solche katzen
wie in den hinterhöfen andalusiens
ihr fell gestrählt vom wind in der sierra

immer zum sprunge bereit
harrten sie aus
als ferge zwischen den zeiten
auf den von der nacht gebrandmarkten steinen
die anderswo grabsteine wären

selbst geschlossenen auges
wussten sie stets um ihre beute
im traum noch führten sie sie in die irre
so wie mich der ihnen seither verfiel

an die namenlose maus

elend ist das los des schuldners
was die maus verbrochen haben muss
die an dem zersprungenen flaschenhals
hängenblieb und verblutete
niemand der sie befreite
sie die zwischen den welten
zu hause war
in ihrer seele formt sich
ein schwarzes loch
je länger ich hinseh
desto mehr verliert die gegend an farbe
verwächst sich das unkraut
das den kadaver gleichgültig bettet
ich hätte gerne ihren namen gekannt
um an sie zu erinnern
in einem gestein
für eine ewigkeit
die solange gilt
bis niemand mehr da ist
der die worte versteht

unkraut

erdkernwärts verträumt
sich das unkraut zur unzeit
wächst durch den kadaver
der hier liegt seit anderntags
vorbei an den steinen
dem leuchten der inschrift
reißt es die erde entzwei
auf dass der hohlraum
so es verschwindet
ein beben auslöst
dem kein kraut gewachsen sein kann
da es an höhe gewinnt
reicht es tiefer und tiefer
wo keine heimat sich findet
bleibt es sich fern
wo das geheimnis noch gilt
lenkt es die blicke ins nirgends
wo die gebete verhallen
findet in knospen sich trost
es schweigt in den dialekten
von krankheit und tod
ist ufer dem pelagial des vergessens
es stirbt ohne davon zu wissen
und lebt in einer zeit
in der immer etwas fehlt

mein garten glüht vor früchten deren gift
mir wegfrisst was mir nicht gehört
sie haben selbst das unkraut mir zerstört
ich weiß nicht ob es mich betrifft

es sind nicht birnen kirschen oder beeren
die hier den regen nichtig werden lassen
noch äpfel die es gilt nicht anzufassen
sie werden mit der zeit sich mehren

noch könnte ich den garten niederbrennen
und gift mit andrem gift bekämpfen
das nicht mehr ablässt von den winden

der ausweg ist nicht einfach zu erkennen
ich fürchte mich vor unheilvollen dämpfen
die wie die früchte nicht allein verschwinden

licht

da wo das licht beginnt endet das rauschen
eine unbekannte in der gleichung des zufalls
erinnerung auf der rückseite des bluts
kaum schwerer als ein schluckauf hinter den jahren
veteran im kreißsaal des ewigen sommers
in dem es den vorhof halber gewitter bewohnt
licht ja lichtstaub atem der sterne
nichts schöneres als der torso
der unendliche aufruhr entgegen dem sinn
ein echo aus einer anderen welt

mein mädchen

mein mädchen sieh die wege sind so lang und so verzweigt
ein jeder stammt doch aus und führt uns hin zur ewigkeit
wir kennen uns schon lange kennen uns noch nicht
wer sehen will der braucht kein augenlicht

was nützen schon erkenntnis tatendurst und ruhm
wo wir doch dadurch neigen einander wehzutun
ich will nur dass du weißt egal was auch geschieht
ich hab dich lieb.

mein mädchen du du bist unfassbar weit entfernt
im kern der frucht bist du die frucht im kern
mit jedem tag wächst du zu dem heran
was ich im augenblick noch nicht verstehen kann

(für Pauline, auf ein Ultraschallbild)

nichts ist so kostbar wie der schlaf

teil ihn dir ein er fehlt am ende immer
verschenke lieber dein glück
vielleicht ist es zu etwas gut
verschenk es zum beispiel
an das mädchen mit der sternenkarte
aus hämatomen an den schenkeln
dem weckruf ihres atems
der nach blumen riecht und blut
die spur ihrer katze auf dem dunkel
führt im kreis geht nicht mehr ab
nach ihrem sprung aus traum und zeit
ans ufer der vorstadt die sich zieht
bis zum meer in seiner mondschwermut
bis zu den engeln unter der erde
in ihrer langsamkeit und ihren beichten
über wurzeln die wie blitze gleißen
nichts ist so leicht wie die gleichung
mond^2 + meer^2 = ___________
wissen mädchen und katze zum glück
nichts ist so kostbar wie der schlaf
der dir nicht mehr gehört

II
FAST ANGEKOMMEN IM VERSCHWINDEN

den traum, den du begreifst, den gibt es nicht.
du kannst nur davon träumen, was du weißt,
egal ob sich sein nichtsein widerspricht,
was jedes seiner bilder auch umkreist
und das vergessen mit sich bringt ...
als stille post, als wiegenlied,
als widerstand des lebens, den die zeit bezwingt,
als durst, als himmelleiser unterschied,
der sich dem irdischen verschreibt,
nimmt sich der traum vom chaos seinen teil,
gibt dir zurück, was niemandem gehört,
erfüllt dich so, dass dir nichts mehr verbleibt.
riechst du den rauch? längst tanzt das rettungsseil
als feuer, das die zeit umkehrt.

als feuer, das die zeit umkehrt
und sich nur löschen lässt, wenn du erwachst,
brennt sich der traum uns ein, entbehrt
die asche, die du immer neu entfachst.
die teilchen formen sich, um zu verformen,
was all dein brennstoff hinterlassen hat.
entspricht dein brand auch festgefügten normen,
in deinem glutnest wendet sich das blatt.
wer traut sich's, anzufassen und zu lesen,
wo doch die schrift vielleicht viel heißer glüht?
dass wir uns kennen, ist nur ein gerücht.
sag, sind wir nicht schon einmal hier gewesen,
verbrannten uns? das leben kommt verfrüht ...
geschrieben steht die zeit dir ins gesicht.

geschrieben steht die zeit dir ins gesicht

und doch bleibt er dahinter stets versteckt.
das niemandsmeer türmt salz auf, schicht für schicht,
als hätte uns ein neuer weg entdeckt,
der die zergangenen verstellt,
und schon vor seinem eignen ursprung flieht.
wie morpheus bist du müde von der welt,
die sich nur weiterdreht, weil nichts geschieht.
was immer uns auch anhält zu vergehn,
tritt näher, wenn die träume wir verschlafen,
dem wind ein weitres unheil widerfährt.
weil wir das einmaleins der träume nicht verstehn,
muss uns der gott so sanft bestrafen,
wenn sich das nichts von selbst zerstört.

wenn sich das nichts von selbst zerstört

im schwarzen loch des hier und jetzt,
der baum die vogelnester leert,
der wind vor lauter weltraum sich verletzt,
die träume implodieren, jenseitswüst,
wenn steine an den ufern läuten,
das meer genervt gedichte liest
und äpfel unterm laub gestirne deuten,
aus der verankerung die stille fällt,
die feuer sich in den kokons verstecken,
der fische umgangston verroht,
dann hilft nur morpheus, der den himmel hält,
doch wag es nicht, ihn jemals aufzuwecken!
am anfang war der schlaf, der halbe tod.

am anfang war der schlaf, der halbe tod.
die zeichen stehen fest. getrocknet ist das wort.
am uhrwerk klebt noch morgenrot.
wir schweifen ab. das leben zieht uns fort.
stopft aus, was es an leere hinterließ,
behält die bessre welt für sich, die uns zu füßen lag.
es fehlt, was bleibt, von dem, was uns verließ,
im schlaf sind wir kaum weiter als am ersten tag
und krümmen uns vor sehnsucht wie der wurm,
der auf dem heimweg ist und es nicht sieht.
es bringt nichts, ihn am grenzstein festzubinden.
wir widmen, morpheus, dir den nächsten sturm,
der unsre zukunft mit sich zieht.
wir sind fast angekommen im verschwinden.

wir sind fast angekommen im verschwinden,
sind unsren ungedachten worten nah:
die patina des winters zu ergründen;
am kompass noch des windes dna.
so finden wir uns ab und suchen schneller,
denn was wir haben, schrumpft auch ohne maß.
das gestern in den träumen zeigt sich heller.
wir säumen unsre risse längst mit gras.
sag es nicht weiter: doch zu glauben, nimmt sich nichts –
denn morpheus lässt sich alle fragen offen,
wenn uns sein müder blick bedroht
durch fledermäuse, katzen, im versteck des lichts.
unheimlich auf das heimliche zu hoffen ...
das lied der amsel tröstet in der not.

das lied der amsel tröstet in der not,
die ihre maske wechselt. wenn sie singt,
vergisst sie sich – des himmels patriot.
weil ihr doch sonst nichts auf der welt gelingt,
bleibt ihr die wahrheit ihrer ars poetica.
an ihren augen setzt sich langsam rost.
durch sie betrachtet war sie so nie da.
das tal zerfrisst bereits der erste frost.
sie sieht zu viel von all dem, was nicht zählt,
wie sich der schnee verpuppt und so verblüht,
bis sie nicht anders kann als zu erblinden.
ist sie nicht da, merkt sie dann, dass sie fehlt?
der traum ist wertlos fern von ihrem lied.
auch was sich nicht sucht, wird sich finden.

auch was sich nicht sucht, wird sich finden

am federkleid, beim treppensturz, im netz.
trotz aberglaube oder sünden:
zu träumen bleibt das wichtigste gesetz,
das du befolgen musst, um es zu brechen,
mit jedem luftloch der arterie,
im harem der steine, beim rückwärts versprechen,
im an- und verkauf der dunklen materie.
wenn unsre hände wieder lange zittern,
bebt nach der traum, der festzurrt, was zerfällt,
weil du dich nicht den regeln beugst.
die amseln kondolieren den gewittern
und gleiten durch die räume deiner welt.
lass uns darüber schlafen, was du uns verschweigst.

lass uns darüber schlafen, was du uns verschweigst.
das pathos an den blüten. die fehlerhafte chronik.
der du schlafwandelnd fällst und steigst.
des apfels flüchtige tektonik.
die erinnerung der sommerlöcher.
die amselschwere spur.
den fehltraum der verbrecher.
des laubs karikatur.
am mohn das halsband, eng und leuchtend.
den zinseszins des taus.
des feuers hypochondrischer patient.
das kraftfeld deines atems, traumbefeuchtend.
wie hältst du es nur aus?
wohl dem, der sein geheimnis nicht benennt ...

wohl dem, der sein geheimnis nicht benennt.
wir sind aus solchem zeug, dass wir's verleugnen:
aus dämmerung und lehm, das was uns trennt,
das unterliegt uns doch, um sich das anzueignen,
was in den träumen uns verloren ging,
weil sinn und unsinn sich einander fügen.
die seele ist ein seelenloses ding,
wenn wir mit zahlen und figuren uns begnügen,
aus angst, wir könnten irgendwas verpassen,
was uns zurückwirft, unsre kräfte raubt.
im traum beginnt die einsamkeit,
ob wir einander lieben oder schon verblassen,
gehört er doch nur dem, der daran glaubt:
die zeit vertreibt den traum, der traum die zeit.

die zeit vertreibt den traum, der traum die zeit,
wenn sich das meer am ufersteg den rücken kratzt,
das licht sich häutet, es placebos schneit,
der tag aus allen nächten platzt,
die bäume testbild sind der landschaft,
die pathossphäre schmilzt, bakterien spielen,
der affe shakespeares popelt, standhaft
des kirschkerns würfelaugen schielen,
die goldwaage sich weigert nach der eichung,
den worten mehr bedeutung beizumessen,
der beipackzettel für das nashorn brennt.
sind wir zu müde, lösen wir die gleichung
im schlaf, um aufgewacht uns wieder zu vergessen,
so lange, bis die welt sich selbst erkennt.

so lange, bis die welt sich selbst erkennt

im tiefseeblau des unvollkommnen schnees,
als fresko in den wolken, drehmoment
des zeitgeists ungestalt, gefäß,
als raum und trauma und herbarium
aus stimmen, die in schmetterlingen reifen,
bleibt uns der traum refugium.
so lange trösten endlosschleifen.
wer bist du, wenn du nicht bist, was du wirst?
wem glaubst du, wenn du aufhörst, anzufangen,
weil du das bessre ende kennst? wann zeigst
du dich, indem du dich verirrst
in einer welt, die blind ist vor verlangen,
seit du dich mehr und mehr verzweigst?

seit du dich mehr und mehr verzweigst,
schrumpft unsre welt, enfant perdu.
wir sind nicht mehr wir selbst, was du bezeugst,
und leben weiter, tier, im déjà-vu.
was wir versprechen, weil du uns verdrängst:
ein wirkstoff gegen alles, was uns schwächt.
der augenblick verkommt doch längst;
vollkommen oder nicht, ob leer, ob echt,
mit lichtfossilien oder staubfragmenten.
verwachsen liegt dein bestienhaus im off.
wir leben weiter, tier, verprophezeit.
sind's deine träume, die den alb verblenden?
wer gleicht ihm, wenn nicht du ... fehlt ihm der stoff,
wächst du nach innen in die sterblichkeit.

wächst du nach innen in die sterblichkeit?
vermiss, was du vermisst. das spiegelbild vergiss.
vergiss die ausgestorbne luft, die unvergangne zeit,
phantomschmerz der erkrankten finsternis.
vergiss, um zu erinnern, was verschwand,
das liebesglück des tods, des meers prosperität,
den mondklang an des pfirsichs niemandsrand,
der schönschrift kritikalität.
vergiss, vergiss. wirf weg, was an dir haftet.
die blüte folgt dem wind, um ihn zu lenken.
vergiss, was ungefragt dir trost zuspricht.
vergiss, was immer auch dich so verkraftet.
vergiss nur nicht zu beten, um zu denken:
den traum, den du begreifst, den gibt es nicht.

den traum, den du begreifst, den gibt es nicht

als feuer, das die zeit umkehrt.
geschrieben steht die zeit dir ins gesicht,
wenn sich das nichts von selbst zerstört.
am anfang war der schlaf, der halbe tod.
wir sind fast angekommen im verschwinden.
das lied der amsel tröstet in der not.
auch was sich nicht sucht, wird sich finden.
lass uns darüber schlafen, was du uns verschweigst.
wohl dem, der sein geheimnis nicht benennt.
die zeit vertreibt den traum, der traum die zeit.
so lange, bis die welt sich selbst erkennt,
seit du dich mehr und mehr verzweigst,
wächst du nach innen in die sterblichkeit.

III
ENTZUG

dass du so müde bist ist nicht mehr schlimm
lass liegen was hier liegt die vielen briefe
die ungeöffnet nutzlos sind die flasche krim
sekt noch im schoß zerdrückte fliegen

in der terrine zwischen fadem reis
des vortags schonung in den knochen
ein wenig stolz auf die serife
im aschenbecher schwarze finger wie im tagebau

ejakulat im hirn seit ein paar wochen
schließt sich der kreis der du gekentert bist
fernab von zimt olive und physalis

was immer dir einst wichtig war es ist
so greifbar wie aurora borealis
in der galeere deines drecks du alte sau

der aufschwung

bevor ich verschlief
war die welt noch in ordnung
in ihrem steten zerfall

ich schüttelte die hände der musen
im vorhof beschmutzter distichen
und riss mir das dunkel vom leib

mit gefälschten papieren
schritt die geschichte
von haustür zu haustür
und frug nach den kindern
zersprungener fenster

später hatte es add-ons geregnet
die pseudogeliebte des sommers
wurde verhaftet
von der rezeptionsästhetik

l'art pour l'art tauschte man ein
gegen das steak eines göttlichen esels
der die schönsten mit mundgeruch strafte
und das schreckliche brüllend verhöhnte

seit einiger zeit spürt man den aufschwung
ich lebe schon jetzt von meinem sterbegeld
meine furunkel wurden als heilig erklärt
andernorts fragen sie jetzt
die eltern erst um erlaubnis
bevor sie einen erschießen

den aufschwung erkläre ich mir in 3d
an einem nacktfoto
eines gedichts

den aufschwung erkläre ich mir
mit der platzangst des hausstaubs
mit der unsterblichen seele des geldes
oder den zerstrittnen elementen

den aufschwung erkläre ich mir
wie ich mir den abschwung erklärte
mit der schwarzarbeit eines herzkranken
henkers an einem ort
ohne gültige parkuhr

irgendwann werde ich so reich sein
wie der engel im zwielicht
der einen längeren schatten wirft als der mond
mein vermögen werde ich vor den gläubigern
unter der hand der steine verstecken
und mich andernfalls tot stellen
ich werde alles zusammenkratzen
was den hunger speist warlords gewinnen
für den wiederaufbau der leibeigenschaft
niemand wird so viel staub besitzen wie ich
in meiner geldkatze wird das blut tanzen
den zwangsarbeitern werde ich versichern
dass mich ihr glück nichts anginge
nur ihre kompromittierten systeme
handelsabkommen steuerschlupflöcher
ich werde so reich sein
dass ganze länder verschwinden
und niemand eine notiz davon nimmt
ich werde so reich sein
dass atlantis und pompeji
eine zweite chance verdienen
ozymandias sich abermals krönt
ich werde so reich sein
dass jeder eine schusswaffe braucht
und jedes gebet sich erübrigt

zu meiner zeit drehten sich alle steine
während sie träumten wuchsen die gewinne
ließ sich die milbenvoliere versichern
das universum kannte keine grenzen
die kontinente zerrieben sich an ihrer syntax
zwischen ozeanschlamm und zerfickten urnen
reproduktionsarchiven und nachgeahmten landstrichen
mein haus war unbewohnbar schön ein steinerner uterus
ohne genehmigung des landschaftsgärtners
auf den friedhöfen tobte die werbeguerilla
in den behörden gab es panic rooms
als sich die musen die stricke umlegten
hatten die künstler sich unlängst geeinigt
interdisziplinär einander die ärsche zu küssen
die autodidakten aber wurden belächelt
als wären sie immer noch analphabeten
nichts schien sicher vor der hysterie
der clickbaiting-opfer dem proletariat
der bäume in den abholzungsbetrieben
den kindersoldaten und den erbsenzählern
kategorisieren hieß nicht auszugrenzen
sondern zu inkludieren zu euphemisieren
zu meiner zeit lohnte es sich den mob
zu verwirren mit mediokrität einzulullen
meine generation war die bis dato am besten vernetzte
und in anbetracht der mittel die dümmste
die geschwüre wuchsen wie die pharmariesen
die konsumwut wie die inflation
die schwellenmärkte wie die psychosen
der immer noch herrschenden klasse

die krätze hat mich liebgewonnen alter freund
nur hab ich keine zeit zum beten ich lebe
zwischen provokation und detonation
verlust und vergessen uhren und urnen
die grenzen verschieben sich
selbst am arsch der seele
meine augen werden fremd wie die dinge
an die ich glauben soll aber nicht will
glaubst du noch an verschwörungstheorien
den großen kürbis an die autodidakten des scheiterns
die domestizierung von staub
der soziale abschwung wäre nur eine phase
haben sie gesagt in ihrer therapie
einander die hände haltend wie brennende feuerzeuge
es ist nicht einfach für mich alter freund
ich lebe mit kapitalisten zusammen
erst knebeln sie dich mit ihren verträgen
dann verhöhnen sie dich
man gewöhnt sich irgendwann daran
an die ständige überwachung
dass beim ficken die wanzen von den wänden fallen
und du für den schaden zahlen musst
neulich alter freund als ich gassi ging
mit meinen himbeergeistern kurz nach ladenschluss
als die sirene hier wie jeden abend
das alphabet übte der flaschensammler
in seiner metasprache rülpste schreckte ich auf
gott sprach fürchte dich nicht
je schlimmer du stinkst desto schöner der tod
und verschwand hinter asozialen träumen
jetzt geht es mir besser
da ich am arsch der seele mich kratzend
weiterhin zu den verschwörern zähle
auf die nächste phase warte und mich
die krätze liebgewonnen hat mein alter freund

den grund habe ich lange vergessen
im mesolimbischen wald verlief
sich der deus ex machina
jede katharsis käme zu spät
ich würge den riegel hinunter
der meinen rachen aufschabt
meinen dünnen atem verfinstert
und schmecke nichts mehr
alles hat seine zeit
verhöhnt mich der spruch
auf der leeren verpackung
deren zersetzung
sich länger hinzieht als meine
da ich traurig bin
sehe ich nicht mehr in den spiegel
würge ich so lange ungehindert
riegel um riegel hinunter
bis es mir besser geht
so sehr ich es auch versuche
zu widerstehen
so sehr ich es auch versuche
die industrie ist gewiefter
während ich mir lügen auftische
bis es wieder einen grund gibt
so zu hamstern als wäre
schon morgen wieder krieg

liebling ich mache jetzt einen entzug

werde ganz dein sein werde nicht länger
darauf spekulieren etwas zu erben
von meiner katze und ihren sieben leben
werde meinen offshore-brieffreundschaften
nicht länger nachgehen und aufhören
ausgestopfte vögel unter tage abzulegen
werde ganz dein sein in meinem pullover
werde dir eine syrinx schnitzen
sie mit nationalhymnen füttern
und vor jedem gang auf die toilette
deiner stehend gedenken werde
den kerl jagen der dein arschgeweih schoss
und ihn an greenpeace verkaufen
werde die an dich adressierten briefe abfangen
um an der dna rumzudoktern liebling
versprochen ist versprochen
ich werde hinter dem fenster warten
und dir deine abwesenheit erklären
mit den stimmen in meinen kopf
werde nun endlich wieder aufhören
die bienen vom vortag zu essen
und die strandkörbe wieder zurückholen
die ich deinetwegen ins meer stieß
werde dir als liebesbeweis ein foto
puzzle aus fleischresten basteln
werde dich nicht länger verfolgen
als nötig liebling ich mache jetzt
einen entzug eine weltreise
es ist noch platz für dich in meinem koffer

in den zeiten vor facebook

„Just because you're paranoid,
don't mean they're not after you"
(Nirvana)

weißt du noch wie wir in den zeiten vor facebook
zusammen die luftlöcher stopften
mit verschreibungspflichtigem baustaub
dem nebel ein denkmal erbauten
und manchmal die gefängnis
stipendiaten an den versfüßen kitzelten
weißt du noch wie sich die licht
gerinnsel als fälschung herausstellten
nachdem sich unsere schatten umarmten
und gevatter begeistert den tänzerinnen
magma in den ausschnitt stopfte
weißt du noch als uns die regenmänner
verklagten unter dem vorwand
ihr geistiges eigentum zu verletzen
damals als die bruderküsse noch etwas galten
klang deine stimme so impressionistisch
schwammen die vokale beleidigt früher ins bett
in den problembezirken des waldes
wo wir gemeinsam die fenster
der pfützen zerschossen
bevor wir zwanzig grad später
auf den mehrkopfwaagen traumzerfleischt ruhten
und unsere freundschaft nach dem umzug
in die echtzeitwelt als steriles *gefällt mir* verblasste

IV
DUNKLE MATERIE

was du nicht wusstest kannst nur du verstehen
warum der sturmgeruch des echos nichts beweist
warum die feuer unsre seelen sehen
den göttern in uns fehlen fleisch und geist
wir trinken bis die trauben uns ermüden
nach erde schmeckt das täglich brot
und wolkenstaub und grind und süden
das lied der amsel tröstet in der not
woran du nicht glaubst hat zu viel gewicht
die falschen wege treten schnell sich fest
wir kommen nirgends wirklich an
die jahresringe ändern sich im licht
im traum der dich nicht schlafen lässt
unendlich ist nur das was nie begann

(für Edith Bürger)

nicht weniger nicht mehr als stund um stunde
hab ich darauf gewartet dich zu sehn
wie ein planet der seinen stern umrundet
bin ich dir nah wie eine gruft aus lehm
aus deren innerem ein stilles gift entweicht
sodass sie in der ferne schon verwundet
zerfiel ich langsam unbestimmt und stet
gemieden von den tieren eine wunde
die nie verheilt die nichts als wunde ist
und wusste nur von dir dass es dich gibt
was dieser umstand ändern mag vielleicht
ein trost wenn schon die zeit sich selbst zerfrisst
ein zeichen dass der himmel untergeht
wenn man doch das was man so liebt nicht mal versteht

so wie die amsel sich in ihrem schatten spiegelt
bist du uns näher als wir denken können
du weißt im schlaf uns das vergessen einzubrennen
auf dass das kommende uns erst beflügelt

ich ging den weg hinab und fand mich nicht mehr wieder
und stand verzweifelnd vor dem labyrinth
von dem man sagt die bestie darin sei ein kind
nicht zu vergleichen mit dir deine lieder

die so viel schöner sind dass kaum wer sie je hörte
in ihrem ursprung hauchen sie den wahnsinn ein
der thanatos im innern fast zerstörte

es gibt die amsel: die nur dich vermisst
sie glaubt nicht mal dem eignen widerschein
du nährst uns mit den träumen die du frisst

liebst du den dämon nicht der deine nacht erhellt
das knirschen seines drecks das murmeln seines geists
du ringst mit ihm am abhang deiner welt
und weißt nicht mal weshalb du ihm verzeihst

auch kennt er dich vom blut zum meridian
trank hundertfach an dir sich nun gesund
du hast den schmerz als zufall abgetan
und suchtest nie bei ihm den wahren grund

er haust im spiegel der erinnerung
sobald im rausch ich tiefer an dich denke
erschrickt er sich dass er mir gleicht

das was mich alt macht hält ihn gleichsam jung
wenn ich wie tantalus nach dir mich schlimm verrenke
hat er im spiel dein innres schon erreicht

der tod gelingt nur einmal bis dahin
will ich mit dir sein ungelingen zelebrieren
aus heimweh aller früchte blut auf steine schmieren
und mich an dich verschenken königin

des leisen dunkels und des bangen traums
mit beute dich zu schmücken um sie zu entreißen
um in der schmelze deiner seele tief auf reisen
zu gehen durch das glühen dieses raums

zur rauschnacht auf den nackten silben unverloren
seh ich mich schon an deinem abgrund blind
vor lauter gier nach dir du musst mich zähmen

und sollten wir dafür auch in der hölle schmoren
sei's wie es sei auch wenn der sturm beginnt
wir haben keine lust uns zu benehmen

die rettung ist die wirkliche gefahr
die einzelteile schlimmer als das ganze
wir rissen uns die worte aus wie haar
und küssten uns brachial gleich einer stanze
((eng) ((und enger))) wirkte dein korsett
das versmaß deines atems aus dem takt
ich sah dich an und sah nur dein skelett
die zweite haut des blutes katarakt
verleide dich damit wir uns nicht kennen
hab ich gedacht, und du hast es getan –
in unsern auferlegten riten
und doch verlernte ich nach dir zu brennen
das ausgereizte ist nur noch profan
in eros' welt sind wir die neophyten

weil wir uns lieben bleiben wir uns fremd

das einssein wühlt uns fort im blut gerangel
zeitkapseleinsame enthemmt
zu viel verlangend blühend in der mangel
erscheinung die wir nicht zu träumen wagten
als wir ganz anders uns vermissten
darf ich zitieren was die finger sagten ...
als sie den heimweg spürten auf den brüsten
war meine zunge gondoliere
auf deinem rückenmarkskanal –
im dunkeln taumelnd ... was mich heut noch trifft
seitdem jagt jeder seine eigene chimäre:
berührung aufbruch ausweglos fraktal
den brüchen die wir lesen fehlt die schrift

weil du mich müde machst geh ich dir nah
bist nacht mir überm meer bist stimme allem kalten
du gleichst der tiefsten luft die ich je sah
ich brandete an händen die mich halten

wie lieb ich dich da du dich mir entziehst
sobald in deinen armen ich erwache
glaub ich zu sehn was du vor mir verschließt
ergründe zügig ich der zungen sprache

an deinem hafen unweit fremder zwänge
verstecke ich die zeit um hier zu bleiben
und fühle nur die ferne die mich führt

im mund die früchte früherer gesänge
vergessen wir das licht und lassen leicht uns treiben
auf dass ein traum den anderen berührt

ich bin jetzt müde geh doch ohne mich
zurück in deine träume die dir blieben
was zählen schon die menschen die wir lieben
mit worten sind wir zu verschwenderisch
was mir noch körper ist ist dir schon geist
es wird nicht einfacher weil ich's verdränge
ach wenn es mir doch nur gelänge
dich so zu sehn dass es mich nicht zerreißt
ich bin so müde warte nicht mehr länger
im herzen bin ich nur ein widergänger
ein seufzer etwas still umringtes
das gleichermaßen läutert oder lockt
auch ein klaglied zu sein
im mund der geliebten was bringt es
wenn die geliebte nicht weiß
was sie singt der atem ihr stockt

V
ZU LEICHT VERSPIELT

wir sind verloren. ohne obolus.
zersetzt die brücken. licht und luft verdünnt.
charon träumt vor sich hin, spielt mit dem abakus
und bleibt doch oberflächenblind.
der grenzstein brüchig. haltlos still die wellen.
sieht er ins innere, wird es morbid:
ob hagebutten, quitten, mirabellen,
maulbeerspinner, quappen, was auch blüht
und wächst, sich formt und umgestaltet,
trägt dazu bei, dass er sich fortbewegt.
er nimmt sich, um zu bleiben, schier
des lebens anteil, der sich erst im tod entfaltet.
der einsatz – anderweitig ausgelegt –
zu leicht verspielt. was schulden wir?

zu leicht verspielt. was schulden wir?
die last von gestern an den worten,
was ist das nur, was hier
sich festsetzt in des traums aorten?
vielleicht stammt's aus dem königreich der gicht,
ein ausgespuckter griebsch des windes,
ist orkus dem vergissmeinnicht,
der wahn des heimatlosen kindes,
den falschen auf der welt zu dienen,
vielleicht ist's nur das einzig wahre denken,
die letzte angst vorm flaschensammlerbus,
die fibonacci-folge tief im hinterland der minen,
die unsre schuldigkeit dem zufall schenken.
vielleicht löst sich das ufer auf im fluss.

vielleicht löst sich das ufer auf im fluss,
um wieder sich zu finden am abyss, da
im schwemmland, wo der tartarus
schon aufplatzt wie ein aneurysma.
hier hagert tantalus, ein angler der nichts fängt,
der seine seele viel zu früh vergoss –
von zu viel nähe abgedrängt,
statist dem flaschen sammelnden dionysos,
der durch die vorstadt irrt,
den obolus verdienend, um ihn zu verschwenden.
you are someone else / i am still right here
ziert charons kahn, doch auch die schönste werbung wird
nicht reichen. nimmernd muss er uns verpfänden
samt wurzeln, fungi, ungetier.

samt wurzeln, fungi, ungetier
und allen dingen, die uns schreckten
so tief im chthonischen, verharren wir
im fortgehn. leiser als insekten.
im zufall hausend. lehmbestäubt, sortiert
nach relevanz und säften, deren rest
den sommer nährt in dessen letzten stunden,
vor denen wir das aug verschließen. es verlässt
die zeit sich stets auf alle andern.
hält nichts von sich, sodass sie stets vergeht.
vielleicht damit sie nicht zerfällt.
und gäb es eine zuflucht, um die zeit zu unterwandern,
was hielt' uns dann, zu früh ist fast zu spät ...
wir fliehen rastlos durch die welt.

wir fliehen rastlos durch die welt,
der wir misstraun wie uns die tiere.
entwertet unser wechselgeld.
gefälscht die zukunft, die papiere.
wie wertlos alles ist ohne bezug,
wenn nur das eine zählt, das uns entgeistert.
das leben selbst ist nicht genug,
weil es zu viel der ordnung meistert.
da sind wir nun und sind doch anders da,
als wir es dachten, hofften, prophezeiten.
charon fehlt nur sich selbst. sind auch die schrauben
gelöst an seinem kahn. er bleibt zu nah.
wir ahnen nur. sind voller eitelkeiten:
im glauben, das zu wissen, was wir glauben.

im glauben, das zu wissen, was wir glauben,
hofft es sich leichter, wenn der nebel dorrt.
der auf dem ufer lastet und die trauben
sanft kentern lässt. gibt er sein wort,
das die verstehenden ins lächerliche ziehen,
weil sie doch selber nicht mehr lachen können ...
nur uns, die seit dem anfang fliehen,
um uns nicht weiter zu verrennen,
fehlt uns nicht immer mehr das nichts ...
denn unsre spuren folgen uns, es nisten
sich winde ein darin, die es nicht hält.
als fehlte immer mehr das nichts, das nichts:
als uferten die trauben, wenn wir wüssten,
was vor uns liegt, was dreifach bellt.

was vor uns liegt? was dreifach bellt?

hörst du es nicht, dann sieh genauer hin.
und ruf zurück das ufer, das die stimme nur verstellt,
und atme durch des lichtes reingewinn
und schreibe in die lüfte dein geheimnis,
auf dass es jeder weiß, der nichts mehr will.
die unterwelt ist nur die summe aus versäumnis
und zu viel liebe, eisenhut und krill,
der ephemeren schrift der ameisenkolonnen
auf bäumen und papier, aus laub und uterus
und lehm und erz, der steine junge raupen.
was vor uns liegt? noch nicht zu staub zerronnen,
bar jeder heimat pinkelt vor uns zerberus,
als wollten wir des obdachs ihn berauben.

als wollten wir des obdachs ihn berauben,
droht aus der ferne er. noch ursprungsroh.
die kette rostig. seine augen stauben
ein, sehen kaum mehr als den status quo
der welt, die um uns ist und aus uns dringt,
die mit sich selbst beschäftigt von sich lässt.
dieselbe kraft, die ihn schuf, sie verschlingt
den weg, die kette wächst, zehrt von dem rest
des daseins, nur vom dritten teil des geists durchdacht.
ob knochen, früchte, wasser oder gift:
nichts steht ihm an. er hat es alles leid.
sein innerstes verkommt. wer ihn bewacht?
er, der einst schreckliche, kläfft hilflos und versifft,
hinkt zahnlos hinterher der guten alten zeit.

hinkt zahnlos hinterher der guten alten zeit,
wer es vermochte, ohne halt zu gehen?
verleiht das hinken denn nicht mehr erhabenheit,
als im gefertigten gebeugt zu stehn?
charon ist ruhlos, zieht an jenem pflock,
der alles hält, was erst beginnt.
sein ruder ist ihm krück- und blindenstock.
der nebel seines atems teilt den wind,
der sich wie immer in sich selbst versteckt,
um im vergangenen sich neu zu bilden –
so wie in uns sich alles unbewusste.
wenn fernhin kerberos die letzten stümpfe bleckt,
sieht charon es nicht mehr so wie zur zeit der wilden,
als man die mythen nicht erklären musste.

als man die mythen nicht erklären musste:
wie langsam keimte da das wissen.
bestellt der boden. noch die alte kruste
im mund. es zählte jeder bissen.
die aussaat stets im einklang mit der nahrung.
gelesen wurde aus dem buch des feldes.
das hungern nach der großen offenbarung:
vergessen im geruch des geldes.
verseucht die böden und steril die worte,
schnelllebigkeit diktiert die richtung,
in falscher sicherheit wiegt uns der wahn,
statt unkraut, kräutern, gift aus der retorte,
der fortschrittsglaube hat zu viel gewichtung,
wir kommen nirgends wirklich an.

wir kommen nirgends wirklich an:
wo wir auch bleiben, gehen wir vorbei.
der umweg für den schlepper zu profan.
die überlast des lebens einerlei:
wie auch das ungebet von styxaal,
lethequalle, acheronforelle
die automatisierte glückszahl,
des todes reziproke welle.
wo wir auch bleiben, wandeln wir, was ist,
wo wir auch wandeln, fehlt uns das, was bleibt,
durchdringt uns stets die subkutane zeit.
wir haben, was wir haben, es vermisst
der fluss die welle, die ihn übertreibt.
was wir vermissen: nur noch mehr vermessenheit.

was wir vermissen: nur noch mehr vermessenheit.
was uns nichts angeht, drängt uns so viel mehr,
ist dies doch unsre, wenn nicht, wessen zeit ...
des heimwegs strömung kommt von nirgends her.
die zeit verrät nur, wo der weg, der trennt, sich trifft.
wo sich der fluss entwurzelt und kasteit,
wird gift arznei, arznei zu gift.
bis hin zum ursprung der gesinnungslosigkeit
greift charon fest das ruder, lockern sich
die jungen blüten unsrer seelen,
vergisst er, was er niemals wusste.
bewegt ihn seine zeit, entzeichnet sich das ich,
und könnte charon anders ... nie spräche er vom fehlen.
was wir auch haben, wir beziffern nur verluste.

was wir auch haben, wir beziffern nur verluste.
die kennzahl blendet, dunkelt die statistik.
worauf der datenfluss auch fußte ...
es schwankt der kahn bar aller äquilibristik.
das muster stimmt so nicht. die utopie
des nicht verlernens trübt die gleichung,
zu glauben an die idiotie
des lebens ohne jede streichung
des restwerts, der nicht aufgeht ohne zufall.
du, unbekannte, wandelst immer die gestalt
des fergen, der vertieft im eignen bann
sich nicht mehr wundert so wie du. all
die brüche geben dir den halt.
der ferge stakt, verliert er sich, was dann?

der ferge stakt. verliert er sich, was dann ...
vielleicht hilft nur die liebe des vergessens,
um wieder zu erinnern, doch daran
zu glauben? wir vermessens,
was wir schon hundertfach vermaßen
und jedes mal sind anders ihre grenzen.
die zukunft, deren kleinsten teil wir einst besaßen,
entzieht sich uns mit neuen quintessenzen.
wir sind verloren, denn der hass schürft tief
in dem, was auch die liebe nicht beschützt.
begradigt zieht's den strom. er muss
so bleiben, weil er uns verschlief.
wohl dem, der wenigstens sich selbst besitzt.
wir sind verloren. ohne obolus.

wir sind verloren. ohne obolus.
zu leicht verspielt. was schulden wir?
vielleicht löst sich das ufer auf im fluss
samt wurzeln, fungi, ungetier.
wir fliehen rastlos durch die welt
im glauben, das zu wissen, was wir glauben.
was vor uns liegt? was dreifach bellt,
als wollten wir des obdachs ihn berauben,
hinkt zahnlos hinterher der guten alten zeit,
als man die mythen nicht erklären musste.
wir kommen nirgends wirklich an.
was wir vermissen: nur noch mehr vermessenheit.
was wir auch haben, wir beziffern nur verluste.
der ferge stakt, verliert er sich, was dann ...

VI
IM TRAUM DER DICH NICHT SCHLAFEN LÄSST

für Marion Rackwitz (1950-2016)

hast du das meer gesehn im wintermond,
des alands umweg an die küste,
wo ihn der angler still dafür entlohnt,
akribisch ihn befreit von jeder zyste?
was wissen wir von seinen gründen,
warum er nicht amphibisch ist?
ob er getragen sein will von den winden,
vielleicht den mond und den kokon vermisst?
they don't have any feelings, sang cobain
und kannte weder aland, aal noch zander,
die nur den andern teil der welt verstehn.
der angler filetiert den fisch und raubt
die seele ihm, bringt alles durcheinander.
verzeih. was wiegt das leben überhaupt?

verzeih. was wiegt das leben überhaupt?
denn dein verlust wiegt schwerer als das leben ...
wer lang genug aufs meer schaut, der ertaubt.
du hast der innren stimme nachgegeben.
ich träumte von des phlegethons gestalten
und sah dich dort, ein ausgespucktes aas.
als ich erwachte, warst du längst nicht mehr zu halten,
gerettet von dem meer, das nicht vergaß:
oft ködert es uns schmeichelnd und doch streng,
versucht, sich selbst mit unserm glück zu tauschen.
das meer ist für die toten furchtbar eng.
wenn auch der wintermond nicht über allem thront,
dies ist der ort, wo selbst im wellenrauschen
der kielgeholten atem wohnt.

der kielgeholten atem wohnt

der tiefe inne, wo im liebesleiden
die nereïden bis zum horizont
sich denken, um zu unterscheiden,
was greifbar ist und was nur hülle
(so wie die qualle, die oft schmerz entfacht).
sie tragen schwer an jener überfülle
des meeres, die vergessen macht.
ihr nichtsein endet dort, wo es beginnt,
so wie die liebe aller wellhornschnecken.
das meer, es ist noch selbst ein kind,
das immer wieder unerlaubt
versucht, den sinn des lebens zu verstecken
in jeder welle, die ans ufer glaubt.

in jeder welle, die ans ufer glaubt,
riecht es nach salz und krill und sedimenten.
sie sind ein rücksichtsloser tanz. verstaubt
in ihren innersten fragmenten.
die nabelschnur bleibt unsichtbar verbunden.
das rauschen aber macht die wellen müd
im wolkenschaum. allein die moribunden
verschaukeln sich in ihrem wiegenlied.
dann stürzen sie voll kraft, gebenedeit,
um neues leben zu gebären,
sich in die brandung mit erhabenheit,
gespensterkrebse, morsches holz im schlund,
die seegrasanker zu zerstören.
man sagt, das gestern läge auf dem grund.

man sagt, das gestern läge auf dem grund,
makel im schatten der seestachelbeere,
die nur dem weltlauf folgt. ein vagabund.
zugleich enigma und chimäre.
chronist im anzug. ruheloser zeuge
der larvenleisen prozession.
silbe für silbe nährt sie sinn und neige,
entzieht sich der gravitation.
wie mancher pilz ist sie ein parasit.
was ihr gehört, verschwand an andrer stelle.
zu viel für den medusoid.
trotz ihrer einfachheit ist sie ein labyrinth.
kaleidoskop und unbewachte quelle
der stundengläser, die zerbrochen sind.

der stundengläser, die zerbrochen sind,
verwandlungen sind nicht belegbar,
nicht mal, wohin der sand entrinnt.
das meer verläuft sich selbst, wo einst ein weg war.
was dir noch eben blut hieß, ist geronnen.
versprochen ist es schon dem schlick.
so findet einst, hat es auch nicht begonnen,
dein blut am ende doch zu dir zurück.
solange musst du warten. ruh dich aus.
tobiasfische werden nach dir graben ...
im äquinoktium. jahrein. jahraus.
liegt sich das meer wie du bei ebbe wund,
dann werden sie dich aufgefunden haben:
am wendepunkt der dunklen zeiten sund.

am wendepunkt der dunklen zeiten sund
muss auch dem tod die eigne welt entrücken.
ob er ihr glaubt? hofft er im zufallsfund,
sein innres zu durchblicken?
nichts ist gewiss im salz der stimmen:
zu unruhig ist des meeres schrift,
weil seine hieroglyphen dann verschwimmen,
wenn das lebendige auf totes trifft.
wie schön zu wissen, dass uns nichts verbleibt.
das leben rinnt wie wasser durch die hände,
bis eine kraft es schließlich übertreibt.
wer sehen darf, bleibt doch ein stückweit blind:
das schiffswrack taumelt ohne ende:
quartier für qualle, flunder, dorsch und stint.

quartier für qualle, flunder, dorsch und stint
und arche für vererbte plastiktüten.
der sauerstoff wird stetig ausgedünnt.
es hieß hier schon, die neophyten,
sie würden alles lebende ersetzen,
was auch den mythen widerfuhr.
einst lebten hier die götter nach gesetzen.
heut sind sie wider die natur.
im schnee, der auf die oberflächen fällt,
lässt sich der fingerabdruck dieses meers erahnen.
dem wintermond gehört die bessre welt.
die flaschenpost treibt langsam gen abyss
auf den vermeintlich längst erforschten bahnen,
da wo der dreizack jedes netz zerriss.

da wo der dreizack jedes netz zerriss,
verschrieb die goldmaid sich der trauer,
erinnert an des urmeers genesis
wie an den ersten regenschauer.
sie ist verweis. ein ortsregister, unvollständig.
der strichcode auf den schuppen tief.
die epitaphe wirken erst lebendig
im namenlosen lichtarchiv
der algen, das sie überwacht,
leichthin mit ihren rückenflossen.
sie weiß nichts von der letzten nacht,
doch von der algen palimpsest
ist sie ergriffen. unverdrossen
setzt sich der styxschlamm in den fugen fest.

setzt sich der styxschlamm in den fugen fest
im spiegelkabinett der strömung,
wohin dann mit des stacheltangs geäst?
nature morte in des lichts vernehmung ...
was wird dann aus dem alten wattwurmtürmer
am grenzstein des pelagials?
dem blutsverwandten aller borstenwürmer,
bewahrer seines totentals,
dem missing link, so er denn existiert?
wie denn nur sehn im ungenauen,
wo noch der druck wie einst regiert?
die fische sind seit eh und je entspannt,
weil sie allein auf sternbilder vertrauen.
kein regen gibt zurück, was je verschwand.

kein regen gibt zurück, was je verschwand:
auch nicht das alphatier der felsenriffe,
der taschenkrebse sonnenbrand,
der pfeffermuschel lauschangriffe,
die taschenlampe in den fluten,
die einst ein leuchtturm war,
nicht die insignien aus angelruten,
der möwenbrut vokabular,
nicht der fossilien einstiger geruch,
die mimikry der wolkeninseln,
radierungen im meerschaumtagebuch.
vielleicht zum trost gibt es den kompromiss
(so wie die nachgeburt von flutgerinnseln):
hast du das meer gesehn, kennst du die finsternis.

hast du das meer gesehn, kennst du die finsternis,
die korona des seesterns, der nicht leuchtet,
im tang den abdruck aus dem schwalgebiss,
die brandgans, wie sie ihre fehler beichtet.
das hellste dunkel ist das unsichtbare.
im grunde ist das ufer illusion,
denn ewig ruft das meer. das einzig wahre
trotz aller schwäne schönen religion.
erinnerst du dich an das licht,
der kiefernwälder meeresschatten,
des muschelsuchers windschiefes gesicht,
die eruption im waldameisennest?
oft unbemerkt verschieben sich die platten
im traum, der dich nicht schlafen lässt.

im traum, der dich nicht schlafen lässt,
den du noch kennst aus heißen sommertagen,
hörst du den letzten überrest
der arktis tief im herz des kaulbarschs schlagen.
er kreist seit jeher um die gleiche stelle
und schert sich wenig um den eignen meridian
und deines schädels einst so weiche fontanelle.
nun treibst du sanft in seiner umlaufbahn
als asche blind im meer verstreut
(dein spiegelbild verließ die atmosphäre).
hältst du die grenze zur vergangenheit.
dein leib ist zur unkenntlichkeit verbrannt.
doch fügt zusammen sich die leere.
das meer, es liest den toten aus der hand.

das meer, es liest den toten aus der hand.
sogar noch in des sturms idylle.
die lebenslinien drückt es schelfnah in den sand.
im borealen abzählreim der stille
verschreibt es sich (stets voller ängste)
der lebenslinien flussbett-trockenheit
aus dürrezeiten, deren längste
verwandlung sacht das meer zerstreut.
verdeckt von faulschlamm, totholz, zuckertang
pulsieren seine mandelkerne.
was keine angst hat, lebt nicht wirklich lang.
die lebenslinien, die das meer betont,
verlieren sich nie gänzlich in der ferne,
hast du das meer gesehn im wintermond.

hast du das meer gesehn im wintermond?
verzeih. was wiegt das leben überhaupt?
der kielgeholten atem wohnt
in jeder welle, die ans ufer glaubt.
man sagt, das gestern läge auf dem grund
der stundengläser, die zerbrochen sind,
am wendepunkt der dunklen zeiten sund,
quartier für qualle, flunder, dorsch und stint.
da wo der dreizack jedes netz zerriss,
setzt sich der styxschlamm in den fugen fest.
kein regen gibt zurück, was je verschwand.
hast du das meer gesehn, kennst du die finsternis,
im traum, der dich nicht schlafen lässt.
das meer, es liest den toten aus der hand.

Der Autor

Thomas Rackwitz wurde 1981 in Halle/Saale geboren. Er lebt in Blankenburg (Harz) und arbeitet als freier Autor, Lektor, Nachdichter, Songwriter und Übersetzer. 2014 erschien der Gedichtband *an der schwelle zum harz* beim Mitteldeutschen Verlag. Ausgewählte Gedichte wurden ins Armenische, Bulgarische, Englische, Italienische und Serbische übersetzt.

Fassadenflucht – Politische Dichtung der Gegenwart II

Hrsg. Franziska Röchter, September 2015

chiliverlag, ISBN 978-3-943292-32-9, 208 Seiten, EURO 9,90

Diese zweite Sammlung politischer Dichtung der Gegenwart knüpft an das Anliegen des Bandes I (Strohblumenstörung, chiliverlag 2015) an, Meinungen, Überzeugungen, Stimmungen zum aktuellen politischen Geschehen und zu gesellschaftlichen Realitäten der Gegenwart mit Blick auf Vergangenheit und Zukunft flächendeckend einzufangen. Namhafte und auch unbekanntere zeitgenössische Dichter aller Altersstufen aus Deutschland und Europa geben ihre engagierten poetischen und literarischen Statements zu gesellschaftlichen und politischen Zuständen.

87 Autorinnen und Autoren, u. a. Fritz Deppert, Ingo Cesaro, Ralf Burnicki, Michael Starcke, Raffaele Gatta, Manfred Pricha, Alex Dreppec, Michel Ackermann u. v. m.

wir wölfe – Gedichte
Eine poetische Hommage an unsere Tierwelt
Anthologie, Hrsg. Franziska Röchter, Juli 2016,
Mit Fotos von Heike Großmann und Christine Zeides
chiliverlag, ISBN 978-3-943292-45-9
148 Seiten, Euro 9,90

Annähernd 60 Autorinnen und Autoren, unter ihnen Michael Starcke, Peter Ettl, Esther Ackermann, Thomas Rackwitz, Sören Heim, dichten über die Vielfalt und den Artenreichtum unserer Tierwelt. Aus den Gedichten und den Fotos von Heike Großmann und Christine Zeides spricht eine große Wertschätzung gegenüber Tieren und ein Erkennen ihrer unglaublichen Einzigartigkeit sowie Bewunderung ihrer Schönheit. Mal humorvoll, zunehmend aber auch ernsthaft werden Besonderheiten einiger Tierarten und Wissenswertes poetisch beleuchtet und ihr Dasein in Relation zum Menschen bespiegelt. Mit Gedichten des Anfang 2016 verstorbenen Bochumer Lyrikers Michael Starcke.

Alex Dreppec, **Tanze mit Raketenschuhen – Dance with Rocket Shoes: Wissenschaftsgedichte – Science Slam Poetry**
chiliverlag, November 2016, ISBN 978-3-943292-50-3,
180 Seiten, 12,00 Euro

Die vorliegende Zusammenstellung von Gedichten, die sich mit wesentlichen Gebieten wissenschaftlicher Disziplinen beschäftigen, um diese durchaus humorvoll zu durchleuchten und zu hinterfragen, ist absolut einzigartig. / The present compilation of poetry, which is about essential fields of academic and scientific disciplines in order to examine and question them in a humorous way, is absolutely unique.

Teile der vorliegenden zweisprachigen Sammlung erschienen vorab in angesehenen Zeitschriften wie „Cincinnati Review", „Notre Dame Review" (USA), „Orbis" (UK) oder „Das Gedicht". www.dreppec.de / Parts of the present bilingual collection were previously printed in renowned journals like „Cincinnati Review", „Notre Dame Review" (USA), „Orbis" (UK) or „Das Gedicht" (Germany). www.dreppec.de